The Mystery of the Missing Chocolates and Other Stories: Bilingual French-English Short Stories

Coledown Bilingual Books

Published by Coledown Bilingual Books, 2023.

While every precaution has been taken in the preparation of this book, the publisher assumes no responsibility for errors or omissions, or for damages resulting from the use of the information contained herein.

THE MYSTERY OF THE MISSING CHOCOLATES AND OTHER STORIES: BILINGUAL FRENCH-ENGLISH SHORT STORIES

First edition. September 19, 2023.

ISBN: 979-8223754473

Written by Coledown Bilingual Books.

Table of Contents

Les Mystères du Jardin des Âmes

À la périphérie de la ville de Paris, niché entre les bâtiments en pierre grise et les rues animées, se trouvait un jardin secret. Un endroit que peu de gens connaissaient, un refuge pour ceux en quête de tranquillité et de réflexion. Ce jardin était connu sous le nom de "Le Jardin des Âmes", un nom qui évoquait la sérénité et la magie qui y régnaient.

Au cœur de ce jardin se dressait un majestueux saule pleureur. Ses branches retombaient comme les cheveux d'une nymphe, cachant un banc de pierre qui semblait inviter à la méditation. Les roses grimpantes montaient le long de la treille, leurs fleurs offrant un spectacle de couleurs et de parfums envoûtants.

C'était dans ce jardin que résidait le professeur Lucien Dupont, un homme d'un certain âge dont les yeux étaient le reflet de la sagesse accumulée au fil des années. Le professeur Dupont était un érudit, un historien reconnu pour ses travaux sur l'histoire de Paris. Mais il était aussi un homme qui avait un don particulier, un don qu'il gardait secret.

Chaque jour, le professeur Dupont se rendait dans le Jardin des Âmes pour s'asseoir sous le saule pleureur et contempler les roses. Il ne venait pas seulement pour la beauté du jardin, mais pour les âmes qui y résidaient. Vous voyez, le professeur avait la capacité de communiquer avec les âmes des défunts.

Il ne cherchait pas la célébrité ni la fortune avec ce don. Au contraire, il considérait cela comme une responsabilité sacrée. Il aidait les âmes à trouver la paix, à résoudre les problèmes inachevés de leur vie terrestre et à transmettre des messages d'amour à leurs proches encore en vie.

Un jour, alors qu'il était assis sous le saule pleureur, le professeur Dupont sentit la présence d'une âme inquiète. Il tourna la tête et vit une jeune femme vêtue d'une robe du XIXe siècle, le visage empreint de tristesse. Elle s'approcha timidement.

"Professeur Dupont," murmura-t-elle, "je m'appelle Marguerite. Je suis décédée il y a de nombreuses années, mais je suis restée ici, dans le Jardin des Âmes, car je ne peux pas trouver la paix. J'ai besoin d'aide."

Le professeur Dupont hocha la tête avec compréhension. "Marguerite, je suis là pour vous aider. Parlez-moi de vos préoccupations, de ce qui vous retient ici."

Marguerite commença à raconter son histoire. Elle avait été une danseuse de ballet renommée au XIXe siècle, mais sa carrière avait été écourtée par une blessure grave. Elle était décédée jeune, avant d'avoir pu réaliser son rêve de danser une dernière fois sur scène.

"Je ne peux pas trouver la paix, professeur," dit-elle avec des larmes dans les yeux. "Je n'ai jamais eu la chance de dire au revoir à la danse, à la scène, à tout ce que j'aimais. Je veux avoir la possibilité de réaliser mon dernier rêve."

Le professeur Dupont écouta attentivement et sentit le poids de la détresse de Marguerite. "Marguerite, je vais faire de mon mieux pour vous aider à réaliser ce rêve. Je vais chercher une solution."

Il passa des jours à étudier les écrits anciens sur la danse et à consulter des experts en danse contemporains. Finalement, il eut une idée. Il organiserait un spectacle de ballet dans le jardin, une représentation unique pour permettre à Marguerite de danser une dernière fois.

Il fit appel à des danseurs talentueux de la ville et leur expliqua la situation. Ils acceptèrent de participer au spectacle avec un enthousiasme inspirant. Les répétitions commencèrent sous le saule pleureur, et bientôt, le jardin résonnait de la musique envoûtante et des pas gracieux des danseurs.

Le soir du spectacle arriva, et le jardin était illuminé de lumières douces. Les spectateurs, dont certains étaient venus de loin, remplirent le jardin, attendant avec anticipation le début de la représentation.

Marguerite était vêtue d'une robe de ballet d'un blanc immaculé. Ses yeux brillaient d'excitation et d'émotion alors qu'elle se préparait à danser. Le professeur Dupont était là pour la soutenir, lui tenant la main comme un ami dévoué.

La musique commença, et Marguerite commença à danser. Elle semblait légère comme une plume, ses mouvements racontant une histoire de grâce et de passion. Elle tournoyait et sautait, comme si elle était revenue à la vie pour cette unique performance.

Les spectateurs retenaient leur souffle, captivés par la magie du moment. Ils pouvaient presque sentir la présence de l'âme de Marguerite, dansant avec une grâce et une beauté intemporelles.

Quand la danse prit fin, il y eut un silence puis des applaudissements retentissants. Marguerite avait réalisé son dernier rêve, et son âme semblait s'élever en paix. Le professeur Dupont savait que sa mission était accomplie.

Le jardin des Âmes redevint un lieu de tranquillité, où les roses continuaient à fleurir et où les âmes trouvaient la paix. Les visiteurs venaient de partout pour contempler la beauté du jardin et ressentir sa magie apaisante.

Le professeur Dupont continua son travail, aidant d'autres âmes perdues à trouver la paix. Il avait appris que les dons que nous possédons sont un précieux héritage, et que les aider les autres était la plus noble des missions.

Le Jardin des Âmes restait un lieu de mystère et de magie, un endroit où les âmes pouvaient trouver la paix, où les rêves pouvaient devenir réalité, et où la sagesse du professeur Dupont continuait à briller comme une étoile dans la nuit.

The Mysteries of the Garden of Souls

On the outskirts of the city of Paris, nestled amidst gray stone buildings and bustling streets, there lay a secret garden. A place that few knew of, a sanctuary for those seeking tranquility and reflection. This garden was known as "Le Jardin des Âmes" (The Garden of Souls), a name that evoked the serenity and magic that dwelled within.

At the heart of this garden stood a majestic weeping willow. Its branches cascaded like a nymph's hair, concealing a stone bench that seemed to beckon for contemplation. Climbing roses adorned the trellis, their flowers offering a spectacle of captivating colors and scents.

In this garden lived Professor Lucien Dupont, a man of a certain age whose eyes reflected the wisdom accumulated over the years. Professor Dupont was a scholar, a historian renowned for his work on the history of Paris. But he was also a man with a unique gift, a gift he kept hidden.

Every day, Professor Dupont would make his way to the Garden of Souls to sit beneath the weeping willow and gaze at the roses. He came not only for the garden's beauty but for the souls that resided there. You see, Professor Dupont had the ability to communicate with the spirits of the departed.

He did not seek fame or fortune with this gift. On the contrary, he regarded it as a sacred responsibility. He helped souls find peace, resolve unfinished matters from their earthly lives, and convey messages of love to their still-living loved ones.

One day, as he sat beneath the weeping willow, Professor Dupont felt the presence of a troubled soul. He turned his head and saw a young woman dressed in a 19th-century gown, her face marked by sadness. She approached timidly.

"Professor Dupont," she whispered, "my name is Marguerite. I passed away many years ago, but I have remained here, in the Garden of Souls, because I cannot find peace. I need help."

Professor Dupont nodded with understanding. "Marguerite, I am here to assist you. Tell me of your concerns, of what keeps you here."

Marguerite began to tell her story. She had been a renowned ballet dancer in the 19th century, but her career had been cut short by a severe injury. She had died young, before having the chance to fulfill her dream of dancing one last time on stage.

"I cannot find peace, Professor," she said with tears in her eyes. "I never had the opportunity to bid farewell to dance, to the stage, to all that I loved. I want the chance to fulfill my last dream."

Professor Dupont listened attentively and felt the weight of Marguerite's distress. "Marguerite, I will do my utmost to help you realize this dream. I will seek a solution."

He spent days studying ancient writings on dance and consulting contemporary dance experts. Eventually, he had an idea. He would organize a ballet performance in the garden, a unique showcase to allow Marguerite to dance one last time.

He enlisted talented dancers from the city and explained the situation to them. They agreed to participate in the performance with inspiring enthusiasm. Rehearsals began beneath the weeping willow, and soon, the garden echoed with enchanting music and graceful dance steps.

The evening of the performance arrived, and the garden was illuminated by soft lights. Spectators, some of whom had come from afar, filled the garden, eagerly anticipating the start of the show.

Marguerite wore a pristine white ballet gown. Her eyes sparkled with excitement and emotion as she prepared to dance. Professor Dupont stood by her side, holding her hand like a devoted friend.

The music began, and Marguerite commenced her dance. She appeared as light as a feather, her movements narrating a story of grace and passion. She twirled and leaped, as if she had returned to life for this singular performance.

Spectators held their breath, captivated by the magic of the moment. They could almost sense the presence of Marguerite's soul, dancing with timeless grace and beauty.

When the dance concluded, there was a moment of silence followed by resounding applause. Marguerite had realized her final dream, and her soul seemed to ascend in peace. Professor Dupont knew that his mission was accomplished.

The Garden of Souls returned to being a place of tranquility, where roses continued to bloom and souls found peace. Visitors came from near and far to behold the garden's beauty and experience its soothing magic.

Professor Dupont continued his work, aiding other lost souls in finding peace. He had learned that the gifts we possess are a precious legacy, and that helping others was the noblest of missions.

The Garden of Souls remained a place of mystery and enchantment, where souls could find peace, dreams could come true, and the wisdom of Professor Dupont continued to shine like a star in the night.

Les Gardiens de l'Éternité

Dans un lointain futur, la civilisation humaine avait atteint des sommets technologiques inimaginables. Les voyages interstellaires étaient devenus monnaie courante, et les colonies humaines s'étendaient à travers la galaxie. Pourtant, au milieu de cette ère de progrès, une énigme demeurait : l'Étoile de l'Éternité.

L'Étoile de l'Éternité était une étoile énigmatique, située à la frontière de l'espace inexploré. Elle était entourée d'un halo de mystère, car tous les vaisseaux spatiaux qui s'en approchaient disparaissaient mystérieusement. On la disait hantée, maudite, ou même porte d'entrée vers un autre univers.

C'est dans ce contexte que le capitaine Alexia Rousseau, une exploratrice intrépide, décida de lancer une expédition pour percer les secrets de l'Étoile de l'Éternité.

Alexia rassembla une équipe d'experts, de scientifiques et de pionniers intrépides. Parmi eux se trouvait le brillant physicien quantique, le Dr. Julian Martin, qui avait théorisé que l'Étoile de l'Éternité était une singularité temporelle.

Ils se préparèrent pour un voyage audacieux vers l'Étoile de l'Éternité, sachant que c'était une mission sans retour garanti. Mais l'appel de la découverte et de la connaissance les poussait en avant.

À mesure qu'ils s'approchaient de l'Étoile de l'Éternité, l'équipage fut témoin de phénomènes étranges. Les lois de la physique semblaient se tordre, le temps s'accélérant et ralentissant de manière imprévisible. Les étoiles semblaient danser dans le ciel, créant des motifs mystérieux.

Lorsqu'ils atteignirent finalement l'orbite de l'Étoile de l'Éternité, leur vaisseau fut englouti par un tourbillon temporel. Ils se trouvèrent dans un endroit qui défiait toute logique : un univers parallèle où le passé, le présent et le futur se mélangeaient en une réalité mouvante.

Dans cet univers parallèle, l'équipage rencontra une civilisation avancée de Gardiens de l'Éternité. Ces êtres mystérieux vivaient à la lisière du temps et de l'espace, protégeant l'Étoile de l'Éternité.

Les Gardiens expliquèrent à Alexia et à son équipage que l'Étoile de l'Éternité était en réalité une source d'énergie capable de plier le temps et l'espace. Elle avait été créée par une ancienne civilisation pour empêcher les abus de la technologie temporelle.

Alexia comprit que leur propre univers était en danger si l'Étoile de l'Éternité tombait entre de mauvaises mains. Elle convainquit les Gardiens de les aider à retourner dans leur réalité pour protéger cette précieuse étoile.

Avec l'aide des Gardiens, l'équipage du capitaine Alexia réussit à retourner dans leur propre réalité. Ils avaient acquis une connaissance précieuse sur l'Étoile de l'Éternité, mais ils avaient aussi la responsabilité de la protéger.

Ils revinrent en héros, mais gardèrent le secret de leur expédition. L'Étoile de l'Éternité fut scellée et mise sous la garde de la

Fédération Galactique pour empêcher qu'elle ne tombe entre de mauvaises mains.

L'histoire de l'Étoile de l'Éternité resta un mystère pour le monde, mais l'équipage du capitaine Alexia savait qu'ils avaient joué un rôle crucial dans la préservation de l'avenir de leur univers. Ils étaient devenus les Gardiens de l'Éternité, veillant silencieusement sur le passage du temps et l'immensité de l'espace.

The Guardians of Eternity

In a distant future, human civilization had achieved unimaginable technological heights. Interstellar travel had become commonplace, and human colonies spanned across the galaxy. Yet, amid this era of progress, one enigma remained: the Star of Eternity.

The Star of Eternity was an enigmatic star located on the border of uncharted space. It was surrounded by an aura of mystery because all spacecraft that approached it mysteriously disappeared. It was said to be haunted, cursed, or even a gateway to another universe.

It was in this context that Captain Alexia Rousseau, a fearless explorer, decided to launch an expedition to uncover the secrets of the Star of Eternity.

Alexia assembled a team of experts, scientists, and daring pioneers. Among them was the brilliant quantum physicist, Dr. Julian Martin, who had theorized that the Star of Eternity was a temporal singularity.

They prepared for a daring journey to the Star of Eternity, knowing it was a mission with no guaranteed return. But the call of discovery and knowledge drove them forward.

As they approached the Star of Eternity, the crew witnessed strange phenomena. The laws of physics seemed to warp, with time accelerating and decelerating unpredictably. Stars appeared to dance in the sky, creating mysterious patterns.

When they finally reached the orbit of the Star of Eternity, their spacecraft was engulfed by a temporal whirlwind. They found themselves in a place that defied all logic: a parallel universe where past, present, and future merged into a shifting reality.

In this parallel universe, the crew encountered an advanced civilization of Guardians of Eternity. These mysterious beings lived on the edge of time and space, protecting the Star of Eternity.

The Guardians explained to Alexia and her crew that the Star of Eternity was, in reality, a source of energy capable of bending time and space. It had been created by an ancient civilization to prevent the misuse of temporal technology.

Alexia understood that their own universe was in danger if the Star of Eternity fell into the wrong hands. She convinced the Guardians to help them return to their reality to protect this precious star.

With the assistance of the Guardians, Captain Alexia's crew succeeded in returning to their own reality. They had gained valuable knowledge about the Star of Eternity, but they also had the responsibility to protect it.

They returned as heroes but kept the secret of their expedition. The Star of Eternity was sealed and placed under the guard of the Galactic Federation to prevent it from falling into the wrong hands.

The story of the Star of Eternity remained a mystery to the world, but Captain Alexia's crew knew that they had played a crucial role in preserving the future of their universe. They had become the Guardians of Eternity, silently watching over the passage of time and the vastness of space.

L'Énigme de la Calanque Maudite

Marseille était une ville envoûtante, avec ses ruelles étroites, ses cafés animés et son port animé. Louis Dallaire était de retour dans sa ville natale après de nombreuses années d'absence. Il avait quitté Marseille pour poursuivre une carrière de détective privé à Paris, mais un mystère le ramenait maintenant chez lui.

La Calanque Maudite, c'était ainsi qu'on l'appelait. Une petite crique isolée en dehors de la ville, réputée pour être hantée. Louis avait grandi en entendant des histoires terrifiantes à propos de la calanque, mais il n'avait jamais cru aux légendes.

Un message cryptique lui était parvenu, l'invitant à enquêter sur un étrange incident survenu à la Calanque Maudite. Le message portait la signature d'un ami d'enfance, Antoine, qui avait disparu il y a des années. Louis ne pouvait pas ignorer l'appel à l'aide implicite.

Louis arriva à la Calanque Maudite par une chaude journée ensoleillée. L'endroit était aussi sauvage et mystérieux qu'il se l'était imaginé. Les falaises escarpées encadraient la crique, les eaux turquoise de la Méditerranée se brisant doucement contre les rochers.

Il commença à explorer les environs, cherchant des indices sur ce qui avait pu arriver à Antoine. Le village le plus proche, un hameau de pêcheurs, était silencieux et distant. Les habitants semblaient terrifiés à l'idée de parler de la calanque.

En fin de journée, alors que le soleil plongeait derrière les falaises, Louis entendit un murmure indistinct, comme un écho du passé. C'était un chant mélodieux, presque hypnotique, qui semblait monter des profondeurs de la crique. Il était convaincu que ce chant était lié au mystère d'Antoine.

Louis entreprit de percer le mystère du chant énigmatique. Il découvrit que la légende de la Calanque Maudite était étroitement liée à une ancienne histoire de sirènes. Selon la légende, des sirènes avaient autrefois habité la crique, attirant les marins à leur perte avec leur chant envoûtant.

Antoine, en enquêtant sur l'histoire de la calanque, avait découvert des preuves suggérant que ces légendes n'étaient peut-être pas si fantastiques. Il avait commencé à enregistrer le chant et à recueillir des témoignages de pêcheurs locaux.

Louis se mit à la recherche d'Antoine, suivant les indices laissés dans les notes de son ami. Il semblait de plus en plus évident qu'Antoine avait découvert quelque chose de bien plus sinistre que de simples légendes.

Les recherches de Louis le conduisirent à une grotte cachée au fond de la crique. C'est là qu'il fit une découverte surprenante. Dans la grotte, il trouva des peintures rupestres représentant des créatures ressemblant à des sirènes, ainsi que des inscriptions anciennes.

Alors qu'il examinait les inscriptions, Louis entendit à nouveau le chant, cette fois beaucoup plus proche. Il se sentit hypnotisé, attiré vers la crique. Il réalisa que le chant n'était pas une simple légende, mais une réalité dangereuse.

Il s'éloigna rapidement de la crique pour échapper à son influence, puis retourna au village pour enquêter davantage. Les habitants semblaient partager une inquiétante croyance en l'existence réelle des sirènes, et certains d'entre eux semblaient être sous leur emprise.

Louis comprit que pour résoudre le mystère d'Antoine et mettre un terme à la menace des sirènes, il devait retourner à la Calanque Maudite. Il se prépara soigneusement, apportant avec lui des bouchons d'oreilles pour résister au chant envoûtant.

Dans la grotte, il découvrit une entrée secrète menant à une série de tunnels souterrains. Il avança prudemment, les sirènes chantant de plus en plus fort à mesure qu'il s'approchait. Il finit par les trouver, de mystérieuses créatures mi-femmes mi-poissons, aux chants ensorcelants.

Antoine était parmi elles, hypnotisé par leur chant. Avec une grande force de volonté, Louis résista au chant et réussit à libérer son ami. Les sirènes, enragées par leur intrusion, tentèrent de les retenir, mais Louis et Antoine s'échappèrent de justesse.

De retour au village, Louis et Antoine partagèrent leur découverte avec les habitants, exposant la véritable nature des sirènes et l'influence qu'elles avaient exercée sur la communauté depuis des générations. Les villageois réalisèrent enfin que les sirènes n'étaient pas leurs amies, mais une menace pour leur liberté.

Ensemble, ils élaborèrent un plan pour protéger la crique des sirènes. Louis et Antoine avaient découvert une vieille mélodie capable de contrer le chant des sirènes. Les villageois chantèrent cette mélodie en chœur, repoussant les sirènes dans les profondeurs de la crique, d'où elles ne pourraient plus faire de mal.

Le mystère de la Calanque Maudite avait été résolu, et la crique fut enfin libérée de l'emprise des sirènes. Louis et Antoine avaient réussi à sauver leur village natal et à mettre fin à la menace des créatures mythiques.

Après avoir résolu l'énigme de la Calanque Maudite, Louis décida de rester à Marseille, où il fonda une agence de détectives spécialisée dans les enquêtes sur des phénomènes mystérieux et paranormaux. Il continua à protéger sa ville natale des menaces invisibles qui la guettaient.

La Calanque Maudite, autrefois synonyme de terreur, devint un lieu de mémoire pour les habitants de Marseille, rappelant le courage de Louis et Antoine dans la lutte contre les forces obscures.

L'histoire de Louis Dallaire et de la Calanque Maudite était désormais inscrite dans les légendes de Marseille, une histoire d'amitié, de détermination et de triomphe sur l'inconnu.

The Enigma of the Cursed Cove

Marseille was an enchanting city, with its narrow streets, bustling cafes, and lively harbor. Louis Dallaire had returned to his hometown after many years away. He had left Marseille to pursue a career as a private detective in Paris, but a mystery was now drawing him back home.

The Cursed Cove, as it was known. A small, secluded cove outside of the city, reputed to be haunted. Louis had grown up hearing terrifying stories about the cove, but he had never believed in legends.

A cryptic message had reached him, inviting him to investigate a strange incident that had occurred at the Cursed Cove. The message bore the signature of a childhood friend, Antoine, who had disappeared years ago. Louis could not ignore the implicit call for help.

Louis arrived at the Cursed Cove on a hot sunny day. The place was as wild and mysterious as he had imagined it. Steep cliffs framed the cove, and the turquoise waters of the Mediterranean gently lapped against the rocks.

He began to explore the surroundings, searching for clues about what might have happened to Antoine. The nearest village, a fishing hamlet, was silent and distant. The inhabitants seemed terrified to speak about the cove.

As the day waned, and the sun dipped behind the cliffs, Louis heard an indistinct murmur, like an echo from the past. It was a melodic, almost hypnotic chant, seemingly rising from the depths of the cove. He was convinced that this chant was connected to Antoine's mystery.

Louis set out to unravel the mystery of the enigmatic chant. He discovered that the legend of the Cursed Cove was closely tied to an ancient tale of sirens. According to the legend, sirens had once inhabited the cove, luring sailors to their doom with their enchanting song.

Antoine, while investigating the cove's history, had found evidence suggesting that these legends might not be mere fantasy. He had begun to record the song and gather testimonies from local fishermen.

Louis began his search for Antoine, following the clues left in his friend's notes. It seemed increasingly evident that Antoine had stumbled upon something far more sinister than mere legends.

Louis's investigations led him to a hidden cave deep within the cove. There, he made a surprising discovery. Inside the cave, he found cave paintings depicting creatures resembling sirens, as well as ancient inscriptions.

As he examined the inscriptions, Louis heard the chant again, this time much closer. He felt himself being hypnotized, drawn toward the cove. He realized that the chant was not just a legend but a dangerous reality.

He quickly retreated from the cove to escape its influence, then returned to the village to investigate further. The villagers seemed to share an eerie belief in the actual existence of sirens, and some of them appeared to be under their spell.

Louis understood that to solve Antoine's mystery and put an end to the threat of the sirens, he had to return to the Cursed Cove. He prepared carefully, bringing earplugs to resist the enchanting song.

Inside the cave, he discovered a secret entrance leading to a series of underground tunnels. He advanced cautiously, the sirens' song growing louder as he approached. He eventually found them, mysterious creatures, half-women, half-fish, with their bewitching chants.

Antoine was among them, hypnotized by their song. With great willpower, Louis resisted the chant and managed to free his friend. The sirens, enraged by their intrusion, attempted to restrain them, but Louis and Antoine narrowly escaped.

Back in the village, Louis and Antoine shared their discovery with the inhabitants, exposing the true nature of the sirens and the influence they had exerted over the community for generations. The villagers finally realized that the sirens were not their allies but a threat to their freedom.

Together, they devised a plan to protect the cove from the sirens. Louis and Antoine had discovered an old melody capable of countering the sirens' song. The villagers sang this melody in unison, driving the sirens back into the depths of the cove, where they could no longer harm anyone.

The mystery of the Cursed Cove had been solved, and the cove was finally freed from the sirens' grip. Louis and Antoine had succeeded in saving their hometown and putting an end to the menace of mythical creatures.

After solving the enigma of the Cursed Cove, Louis decided to stay in Marseille, where he founded a detective agency specializing in investigations into mysterious and paranormal phenomena. He continued to protect his hometown from invisible threats that lurked in the shadows.

The once-terrifying Cursed Cove became a place of memory for the people of Marseille, a reminder of Louis and Antoine's courage in the face of the unknown.

The story of Louis Dallaire and the Cursed Cove was now part of Marseille's legends, a tale of friendship, determination, and triumph over the unknown.

La Douce Saveur de l'Amour

Camille avait grandi sur la ferme de pommes de Normandie de sa famille, entourée de vergers verdoyants et de pommiers majestueux. Après des années passées en ville, travaillant dans le domaine de la finance, elle décida de retourner à ses racines et de reprendre la ferme après le décès de son père.

La ferme était un endroit spécial pour Camille, rempli de souvenirs d'enfance heureux et de la douce saveur des pommes fraîches. Alors qu'elle reprenait les rênes de l'exploitation, elle savait que ce serait un retour à une vie plus simple et plus authentique.

Un matin ensoleillé, alors que Camille supervisait la cueillette des pommes, elle remarqua un inconnu aux yeux bleus qui l'observait de loin. C'était Julien, un photographe passionné en quête d'inspiration pour son prochain projet. Il avait entendu parler de la ferme de pommes et avait décidé de la visiter.

Camille et Julien se rencontrèrent parmi les pommiers, et il fut immédiatement captivé par sa beauté naturelle et son amour pour la ferme. Ils passèrent des heures à discuter, à se raconter des histoires et à partager leur passion pour la nature.

Au fil des semaines, l'amitié entre Camille et Julien se transforma en quelque chose de plus profond. Ils se retrouvaient souvent à déguster des pommes fraîches sous les pommiers, à contempler les couchers de soleil sur la campagne normande, et à s'évader de la frénésie de la vie moderne.

Julien capturait la beauté de la ferme à travers son objectif, et Camille commençait à voir sa ferme avec un regard neuf, grâce à ses yeux d'artiste. Chaque moment passé ensemble renforçait leur lien et faisait naître des sentiments plus forts.

L'automne arriva, et avec lui, la saison des récoltes de pommes à son apogée. Camille et Julien travaillaient main dans la main pour cueillir les pommes, les trier et les préparer pour la vente. Les journées étaient longues, mais chaque instant était empli de rires et de complicité.

Un soir, alors qu'ils se reposaient près du feu de cheminée, Julien prit doucement la main de Camille et lui avoua ses sentiments. Il lui dit qu'elle était la personne la plus merveilleuse qu'il avait jamais rencontrée et qu'il ne pouvait plus imaginer sa vie sans elle.

Camille, émue par ses paroles, lui avoua à son tour ses sentiments. Ils s'embrassèrent sous le ciel étoilé de Normandie, scellant leur amour au milieu des vergers de pommiers.

Au printemps suivant, Camille et Julien se marièrent au cœur de la ferme de pommes. Les pommiers étaient en fleurs, créant un décor magique pour leur union. Leurs amis et leur famille se rassemblèrent pour célébrer leur amour et leur engagement à construire une vie ensemble sur la terre qui les avait réunis.

La ferme de pommes de Normandie était devenue le témoin de leur histoire d'amour, un lieu où la douce saveur de l'amour s'épanouissait parmi les pommiers en fleurs et les couchers de soleil dorés. Camille et Julien avaient trouvé leur bonheur dans les bras l'un de l'autre et dans la simplicité de la vie à la campagne.

Ainsi se termina leur histoire d'amour, une histoire qui avait commencé parmi les pommiers de Normandie et qui continuerait à s'écrire au fil des saisons, une pomme à la fois.

The Sweet Flavor of Love

Camille had grown up on her family's Normandy apple farm, surrounded by lush orchards and majestic apple trees. After years spent in the city, working in the finance industry, she decided to return to her roots and take over the farm following her father's passing.

The farm held a special place in Camille's heart, filled with memories of happy childhood and the sweet taste of fresh apples. As she assumed control of the farm, she knew it would be a return to a simpler and more authentic life.

One sunny morning, while Camille supervised the apple picking, she noticed a stranger with blue eyes watching her from a distance. It was Julien, a passionate photographer in search of inspiration for his next project. He had heard about the apple farm and decided to visit.

Camille and Julien met among the apple trees, and he was immediately captivated by her natural beauty and her love for the farm. They spent hours talking, sharing stories, and bonding over their passion for nature.

Over the weeks, the friendship between Camille and Julien evolved into something deeper. They often found themselves enjoying fresh apples under the apple trees, gazing at sunsets over the Normandy countryside, and escaping the hustle and bustle of modern life.

Julien captured the beauty of the farm through his lens, and Camille began to see her farm with a fresh perspective, thanks to his artist's eyes. Each moment spent together strengthened their bond and gave rise to stronger feelings.

Autumn arrived, and with it, the peak apple harvesting season. Camille and Julien worked hand in hand to pick, sort, and prepare the apples for sale. The days were long, but each moment was filled with laughter and camaraderie.

One evening, as they rested by the fireplace, Julien gently took Camille's hand and confessed his feelings. He told her she was the most wonderful person he had ever met and that he couldn't imagine his life without her.

Moved by his words, Camille confessed her feelings in return. They kissed under the starry Normandy sky, sealing their love amidst the apple orchards.

The following spring, Camille and Julien got married at the heart of the Normandy apple farm. The apple trees were in full bloom, creating a magical backdrop for their union. Friends and family gathered to celebrate their love and commitment to building a life together on the land that had brought them together.

The Normandy apple farm had become a witness to their love story, a place where the sweet flavor of love blossomed amidst the blooming apple trees and golden sunsets. Camille and Julien had found their happiness in each other's arms and in the simplicity of country life.

And so their love story ended, a story that had begun among the apple trees of Normandy and would continue to be written through the seasons, one apple at a time.

Le Chemin de l'Étoile

Il était une fois un homme solitaire nommé Pierre. Il avait passé sa vie à parcourir le monde, à la recherche de lieux reculés et d'aventures extraordinaires. Rien ne pouvait le retenir longtemps, sauf peut-être une étoile mystérieuse qu'il avait aperçue dans le ciel nocturne lors de ses voyages.

Pierre était convaincu que cette étoile le guidait vers un endroit spécial, un endroit où il trouverait le sens de sa quête incessante. Il décida donc de suivre cette étoile, quel qu'en soit le coût, pour découvrir ce qui l'attendait au bout de son voyage.

Le voyage de Pierre le conduisit à travers des déserts brûlants, des forêts mystérieuses et des montagnes escarpées. Il rencontra des gens de cultures différentes, échangeant des histoires et des sourires avec chaque rencontre.

L'étoile semblait le guider de manière mystérieuse, apparaissant au-dessus de paysages magnifiques et le guidant à travers des défis inattendus. Pierre ne se lassait jamais de suivre cette lumière lointaine, sachant qu'elle le conduirait vers son destin.

Après des mois de voyage, Pierre atteignit enfin une oasis cachée au cœur du désert. C'était un endroit d'une beauté indicible, avec des palmiers luxuriants, des étangs cristallins et une atmosphère paisible.

Là, il fit la connaissance d'Amina, une habitante de l'oasis. Elle l'accueillit chaleureusement et lui parla de la légende de l'étoile.

Selon la légende, l'étoile était le guide des âmes perdues, celles en quête de sens et de vérité. Amina était convaincue que Pierre était l'un de ces voyageurs.

Amina décida de guider Pierre à travers l'oasis et de lui montrer ses merveilles cachées. Ils découvrirent des secrets anciens, des grottes mystérieuses et des trésors cachés. Mais ce qui avait le plus de valeur était la sagesse partagée par Amina.

Elle lui enseigna que le véritable trésor de la vie était la quête elle-même, la recherche constante de la connaissance, de la beauté et de la compréhension. L'étoile était un guide intérieur, une boussole de l'âme, qui nous rappelait de chercher la lumière, même dans les moments les plus sombres.

Après avoir passé du temps à l'oasis, Pierre sentit qu'il avait trouvé ce qu'il cherchait depuis si longtemps. Il avait découvert que la quête de l'étoile était en réalité une quête de soi, une exploration de son âme et de sa place dans le monde.

Il dit au revoir à Amina et à l'oasis, sachant qu'il avait trouvé un trésor bien plus précieux que tout ce qu'il avait cherché dans le monde extérieur. Il revint chez lui, mais cette fois, il n'était plus un voyageur solitaire. Il avait trouvé la lumière de l'étoile en lui, et il savait que son voyage intérieur continuerait tout au long de sa vie.

Ainsi se termina l'histoire de Pierre, un voyageur en quête de sens, qui avait découvert que la plus grande aventure était de trouver la lumière de son propre être, guidée par l'étoile de son âme.

The Path of the Star

———

Once upon a time, there was a solitary man named Pierre. He had spent his life traveling the world, searching for remote places and extraordinary adventures. Nothing could hold him for long, except perhaps a mysterious star he had glimpsed in the night sky during his travels.

Pierre was convinced that this star was guiding him to a special place, somewhere he would find the meaning of his endless quest. He decided to follow this star, no matter the cost, to discover what awaited him at the end of his journey.

Pierre's journey led him through scorching deserts, mysterious forests, and rugged mountains. He met people from different cultures, exchanging stories and smiles with each encounter.

The star seemed to guide him mysteriously, appearing above magnificent landscapes and leading him through unexpected challenges. Pierre never grew tired of following this distant light, knowing it would lead him to his destiny.

After months of traveling, Pierre finally reached a hidden oasis in the heart of the desert. It was a place of indescribable beauty, with lush palm trees, crystal-clear ponds, and a peaceful atmosphere.

There, he met Amina, an inhabitant of the oasis. She welcomed him warmly and spoke to him about the legend of the star. According to the legend, the star was the guide of lost souls, those in search of meaning and truth. Amina believed that Pierre was one of these travelers.

Amina decided to guide Pierre through the oasis and show him its hidden wonders. They discovered ancient secrets, mysterious caves, and concealed treasures. But the most valuable of all was the wisdom shared by Amina.

She taught him that the true treasure of life was the quest itself, the constant search for knowledge, beauty, and understanding. The star was an inner guide, a compass of the soul, reminding us to seek the light even in the darkest moments.

After spending time at the oasis, Pierre felt that he had found what he had been searching for so long. He had discovered that the pursuit of the star was, in reality, a quest for oneself, an exploration of his soul and his place in the world.

He bid farewell to Amina and the oasis, knowing that he had found a treasure far more precious than anything he had sought in the outside world. He returned home, but this time, he was no longer a solitary traveler. He had found the light of the star within himself, and he knew that his inner journey would continue throughout his life.

Thus ended the story of Pierre, a traveler in search of meaning, who had discovered that the greatest adventure was to find the light of one's own being, guided by the star of the soul.

Le Secret des Livres Anciens

Au cœur de la vieille ville, il y avait une librairie antique réputée pour ses éditions rares et ses livres anciens. L'antiquaire, un homme énigmatique nommé Étienne, était le gardien de ces trésors littéraires depuis des décennies. Son magasin était empreint de mystère, et peu de gens osaient y entrer.

Sophie, une jeune étudiante en histoire de l'art, était fascinée par les livres anciens depuis son enfance. Elle osa finalement franchir la porte de la librairie d'Étienne, espérant découvrir des trésors cachés parmi les étagères poussiéreuses.

Parmi les vieux manuscrits et les éditions rares, Sophie découvrit un grimoire ancien qui attira immédiatement son attention. Les pages jaunies étaient remplies d'écriture calligraphiée et de symboles énigmatiques. Le grimoire semblait être un ouvrage de magie ancienne, plein de secrets mystérieux.

Étienne s'approcha d'elle avec un sourire énigmatique et lui raconta l'histoire du grimoire. Il avait été découvert dans une vieille bibliothèque abandonnée et était censé contenir des sorts oubliés depuis des siècles. Sophie sentit son cœur battre plus fort à l'idée de percer les mystères de ce livre antique.

Sophie passa des heures à étudier le grimoire, à déchiffrer les anciennes incantations et à essayer de comprendre les secrets de la magie qu'il renfermait. Elle se lia d'amitié avec Étienne, qui devint son mentor dans le domaine de la magie ancienne.

Ils entreprirent une quête pour trouver d'autres livres et artefacts magiques, voyageant à travers la France à la recherche de connaissances perdues depuis longtemps. Chaque découverte les rapprochait un peu plus du pouvoir de la magie antique.

Alors qu'ils approchaient de la fin de leur quête, Sophie et Étienne firent une découverte qui allait changer leur vie. Ils trouvèrent un artefact ancien, un sceptre magique censé détenir un immense pouvoir. Cependant, le sceptre était gardé par un sort de protection puissant.

Ils décidèrent de relever le défi et de briser le sort. C'était une tâche complexe qui nécessitait des connaissances et une compréhension profonde de la magie antique. Ensemble, ils travaillèrent sans relâche, déchiffrant les indices laissés par les anciens sorciers.

Après de nombreux jours et nuits de travail acharné, Sophie et Étienne réussirent à briser le sort qui protégeait le sceptre magique. Ils purent enfin mettre la main sur cet artefact légendaire, ressentant le pouvoir ancien qui l'émanait.

Ils avaient acquis une connaissance inestimable de la magie antique au cours de leur voyage, et ils avaient appris que le véritable pouvoir réside dans la quête de la connaissance et dans la compréhension des mystères du passé.

Sophie décida de rester aux côtés d'Étienne, continuant leur recherche de trésors cachés et de savoir ancien. Ils savaient que leur aventure ne faisait que commencer, et ils étaient prêts à affronter tous les défis que le monde mystérieux des livres anciens et de la magie ancienne leur réservait.

The Secret of Ancient Books

In the heart of the old town, there was an antique bookstore renowned for its rare editions and ancient books. The antiquarian, an enigmatic man named Étienne, had been the guardian of these literary treasures for decades. His store was steeped in mystery, and few dared to enter.

Sophie, a young art history student, had been fascinated by ancient books since her childhood. She finally mustered the courage to step through Étienne's door, hoping to discover hidden treasures among the dusty shelves.

Among the old manuscripts and rare editions, Sophie stumbled upon an ancient grimoire that immediately caught her attention. Its yellowed pages were filled with calligraphic writing and enigmatic symbols. The grimoire appeared to be a tome of ancient magic, brimming with mysterious secrets.

Étienne approached her with an enigmatic smile and shared the history of the grimoire. It had been found in an abandoned library and was believed to contain spells forgotten for centuries. Sophie felt her heart race at the prospect of unlocking the mysteries within this antique book.

Sophie spent hours studying the grimoire, deciphering the ancient incantations, and attempting to unravel the secrets of the magic it held. She forged a friendship with Étienne, who became her mentor in the realm of ancient magic.

Together, they embarked on a quest to find more books and magical artifacts, traveling across France in search of long-lost knowledge. Each discovery brought them closer to the power of ancient magic.

As they neared the end of their quest, Sophie and Étienne made a discovery that would change their lives. They found an ancient artifact, a magical scepter believed to possess immense power. However, the scepter was protected by a powerful spell.

They decided to take on the challenge and break the spell. It was a complex task that required knowledge and a deep understanding of ancient magic. Together, they worked tirelessly, deciphering clues left by ancient sorcerers.

After many days and nights of relentless work, Sophie and Étienne succeeded in breaking the spell that protected the magical scepter. They finally laid their hands on this legendary artifact, feeling the ancient power emanating from it.

They had gained invaluable knowledge of ancient magic during their journey, and they had learned that true power lies in the quest for knowledge and in understanding the mysteries of the past.

Sophie chose to stay by Étienne's side, continuing their search for hidden treasures and ancient wisdom. They knew that their adventure was just beginning, and they were ready to face all the challenges that the mysterious world of ancient books and ancient magic had in store for them.

L'Énigme des Chocolats Disparus

———

Bruxelles était baignée de doux rayons de soleil en cette belle matinée de printemps. Les rues pavées étaient animées de passants heureux, et les façades des maisons colorées brillaient sous la lumière du jour. C'était le genre de journée qui invitait à la détente, à la flânerie, et à la dégustation de chocolats belges.

Sophie Dupont, une détective à la retraite, avait décidé de profiter de sa journée en visitant les chocolateries locales. Elle adorait le chocolat, et Bruxelles était le lieu idéal pour satisfaire sa passion. Après tout, il n'y avait rien de mieux qu'un bon chocolat belge pour réchauffer le cœur.

Sophie commença sa dégustation dans une chocolaterie pittoresque nichée dans une petite rue. Les parfums délicats du chocolat et des pralinés remplirent l'air alors qu'elle entra. Le propriétaire, un homme chaleureux nommé Henri, l'accueillit avec un large sourire.

Après avoir échangé quelques mots sur les pralines et les ganaches, Sophie décida de goûter un praliné au caramel salé. Elle ferma les yeux un instant, savourant la douceur fondante du chocolat et la note subtile de sel qui dansait sur son palais.

Alors qu'elle dégustait sa praline, elle remarqua une vieille photographie encadrée sur le comptoir. C'était une photo en noir et blanc d'Henri dans sa jeunesse, aux côtés d'une femme souriante. Henri remarqua le regard curieux de Sophie et sourit en expliquant que la femme était sa sœur, Marie, qui avait disparu il y avait de nombreuses années.

Après avoir quitté la chocolaterie d'Henri, Sophie se dirigea vers une autre boutique renommée pour ses truffes au chocolat. Elle avait entendu dire que leurs créations étaient parmi les meilleures de la ville.

Elle entra dans la boutique, un petit endroit élégant avec des étagères remplies de boîtes de chocolat soigneusement emballées. Sophie se laissa tenter par une boîte de truffes au chocolat noir, son péché mignon.

Alors qu'elle attendait de payer à la caisse, elle remarqua une agitation inhabituelle dans le magasin. Les clients semblaient agités, et le propriétaire, Monsieur Dupont, semblait préoccupé. Il expliqua que quelqu'un avait volé une importante quantité de chocolats dans l'arrière-boutique, y compris un lot spécial de truffes au chocolat noir.

Sophie se proposa de l'aider à résoudre le mystère du vol, et Monsieur Dupont accepta volontiers son offre.

Sophie commença son enquête en interrogeant les employés de la chocolaterie et en examinant les lieux. Elle découvrit rapidement des empreintes de pas derrière la boutique, menant à une ruelle adjacente. Il semblait que le voleur avait quitté les lieux précipitamment.

En continuant ses recherches, Sophie interrogea également les clients présents au moment du vol. L'un d'eux, un homme vêtu de manière élégante, déclara avoir vu un individu suspect près de la ruelle, mais il n'avait pas pu donner une description précise.

Sophie examina les enregistrements de sécurité de la chocolaterie et identifia une silhouette furtive, mais son visage était masqué. Elle décida de suivre la piste des empreintes de pas et de voir où elles la mèneraient.

Les empreintes de pas menèrent Sophie à travers les ruelles étroites de Bruxelles, jusqu'à ce qu'elle atteigne un entrepôt abandonné en périphérie de la ville. Elle pénétra silencieusement dans le bâtiment et découvrit un groupe de personnes qui semblaient délibérément cacher leur butin.

Parmi elles se trouvait un homme portant un manteau de cuir, tenant une boîte de truffes au chocolat noir. Sophie réalisa que c'était le voleur. Elle informa la police, qui arriva rapidement sur les lieux et appréhenda le coupable.

Après avoir résolu le vol des chocolats, Sophie retourna à la chocolaterie pour informer Monsieur Dupont de la capture du voleur. Il exprima sa gratitude en offrant à Sophie une boîte de truffes au chocolat noir en récompense.

Sophie savoura chaque bouchée des délicieuses truffes tout en se sentant satisfaite d'avoir résolu le mystère. Elle avait découvert que même les enquêtes les plus sucrées pouvaient révéler des secrets intrigants et des complots inattendus.

Alors que Sophie continuait à explorer Bruxelles et à déguster des chocolats exquis, elle ne put s'empêcher de penser à l'histoire d'Henri et de sa sœur disparue. Elle avait résolu le mystère du vol des chocolats, mais il restait encore un mystère plus profond à élucider.

Elle décida de retourner à la chocolaterie d'Henri et de lui poser quelques questions sur sa sœur Marie. Il semblait réticent à en parler, mais finit par lui confier que Marie avait disparu mystérieusement il y a des années, laissant derrière elle une énigme non résolue.

Sophie se sentit intriguée par cette histoire et décida d'enquêter sur la disparition de Marie pour aider Henri à trouver des réponses après toutes ces années.

Sophie commença à fouiller les archives locales et à interroger les habitants de la ville sur la disparition de Marie. Elle découvrit peu à peu des indices qui semblaient indiquer que Marie avait été impliquée dans des activités secrètes liées à l'art.

Elle trouva une vieille lettre cachée dans les affaires de Marie, indiquant un rendez-vous secret dans un vieux musée abandonné. Sophie décida de s'y rendre, espérant trouver des réponses à l'énigme de la disparition de Marie.

Le vieux musée était recouvert de poussière et d'oubli, mais il semblait abriter de précieux trésors artistiques. Sophie commença à explorer les salles sombres et découvrit des indices qui semblaient lier Marie à des œuvres d'art volées.

Alors qu'elle avançait dans les couloirs déserts, elle entendit un bruit derrière une porte entrouverte. Elle s'approcha lentement et découvrit un homme vêtu de noir en train de fouiller les archives du musée.

L'homme, surpris par la présence de Sophie, tenta de s'échapper, mais elle le retint et le questionna sur son lien avec Marie. Il avoua finalement qu'il avait été complice de Marie dans le vol d'œuvres d'art, mais il ignorait ce qui lui était arrivé par la suite.

Avec l'aide de l'homme, Sophie retrouva des documents et des preuves liés aux vols d'œuvres d'art, ainsi qu'une lettre de Marie indiquant qu'elle avait décidé de quitter le monde de la criminalité et de se racheter.

Sophie rencontra Henri pour lui expliquer ce qu'elle avait découvert. Il fut bouleversé d'apprendre que sa sœur avait vécu une vie de secrets et de regrets, mais il était reconnaissant à Sophie d'avoir éclairci le mystère de sa disparition.

Sophie remit les documents et les preuves aux autorités et aida à résoudre plusieurs affaires de vols d'œuvres d'art. Marie resterait un mystère pour beaucoup, mais Sophie avait réussi à découvrir la vérité sur son passé.

Henri, reconnaissant, offrit à Sophie une boîte spéciale de chocolats belges, préparés en l'honneur de sa sœur Marie. Sophie savoura chaque chocolat avec une pensée pour l'histoire mystérieuse qu'elle avait résolue à Bruxelles.

Ainsi se termina l'enquête de Sophie, une histoire de mystère et de chocolat qui avait révélé des secrets cachés et avait permis à une famille de trouver la paix après des années d'incertitude.

The Mystery of the Missing Chocolates

Brussels was bathed in gentle spring sunshine on this beautiful morning. The cobbled streets were bustling with happy passersby, and the colorful facades of houses glistened in the daylight. It was the kind of day that invited relaxation, strolling, and indulging in Belgian chocolates.

Sophie Dupont, a retired detective, had decided to enjoy her day by visiting local chocolate shops. She adored chocolate, and Brussels was the perfect place to indulge her passion. After all, there was nothing better than fine Belgian chocolate to warm the heart.

Sophie began her tasting adventure at a picturesque chocolate shop nestled on a quaint street. The delicate scents of chocolate and pralines filled the air as she entered. The owner, a warm-hearted man named Henri, greeted her with a broad smile.

After exchanging a few words about pralines and ganaches, Sophie decided to sample a salted caramel praline. She closed her eyes for a moment, savoring the smooth sweetness of the chocolate and the subtle hint of salt dancing on her palate.

While enjoying her praline, she noticed an old framed photograph on the counter. It was a black and white photo of Henri in his youth, standing next to a smiling woman. Henri noticed Sophie's curious gaze and smiled, explaining that the woman was his sister, Marie, who had disappeared many years ago.

After leaving Henri's chocolate shop, Sophie headed to another store renowned for its chocolate truffles. She had heard that their creations were among the best in the city.

She stepped into the shop, a small, elegant place with shelves filled with carefully wrapped chocolate boxes. Sophie was tempted by a box of dark chocolate truffles, her guilty pleasure.

As she waited to pay at the counter, she noticed an unusual commotion in the store. Customers seemed agitated, and the owner, Monsieur Dupont, appeared concerned. He explained that someone had stolen a significant quantity of chocolates from the back room, including a special batch of dark chocolate truffles.

Sophie offered to help solve the mystery of the theft, and Monsieur Dupont gratefully accepted her offer.

Sophie began her investigation by questioning the employees of the chocolate shop and examining the premises. She quickly discovered footprints behind the shop, leading to an adjacent alley. It seemed that the thief had left in haste.

Continuing her search, Sophie also interviewed the customers present at the time of the theft. One of them, a well-dressed man, claimed to have seen a suspicious individual near the alley, but he couldn't provide a detailed description.

Sophie examined the store's security recordings and identified a shadowy figure, but their face was concealed. She decided to follow the trail of footprints and see where they would lead.

The footprints led Sophie through Brussels' narrow alleyways until she reached an abandoned warehouse on the outskirts of the city. She quietly entered the building and discovered a group of people who seemed to be deliberately hiding their loot.

Among them was a man in a leather coat, holding a box of dark chocolate truffles. Sophie realized he was the thief. She informed the police, who quickly arrived at the scene and apprehended the culprit.

After solving the chocolate theft, Sophie returned to Monsieur Dupont's chocolate shop to inform him of the capture of the thief. He expressed his gratitude by offering Sophie a box of dark chocolate truffles as a reward.

Sophie savored each bite of the delicious truffles while feeling satisfied that she had solved the mystery. She had discovered that even the sweetest investigations could unveil intriguing secrets and unexpected conspiracies.

While Sophie continued to explore Brussels and savor exquisite chocolates, she couldn't help but think about Henri's story and his missing sister, Marie. She had solved the mystery of the chocolate theft, but there was still a deeper mystery to unravel.

She decided to return to Henri's chocolate shop and ask him some questions about his sister, Marie. He seemed hesitant to discuss it at first but eventually confided that Marie had mysteriously disappeared many years ago, leaving behind an unsolved puzzle.

Intrigued by this story, Sophie decided to investigate Marie's disappearance to help Henri find answers after all these years.

Sophie began searching local archives and questioning townspeople about Marie's disappearance. She gradually uncovered clues that seemed to indicate that Marie had been involved in secret activities related to art.

She found an old letter hidden among Marie's belongings, indicating a secret meeting at an abandoned museum. Sophie decided to go there, hoping to find answers to the mystery of Marie's disappearance.

The old museum was covered in dust and forgotten, but it appeared to house precious artistic treasures. Sophie began exploring the darkened halls and discovered clues that seemed to link Marie to stolen artworks.

As she ventured deeper into the deserted corridors, she heard a noise behind a partially open door. She approached cautiously and found a man dressed in black rummaging through the museum's archives.

The man, surprised by Sophie's presence, attempted to flee, but she detained him and questioned him about his connection to Marie. He eventually confessed that he had been Marie's accomplice in art thefts but was unaware of what had happened to her afterward.

With the man's assistance, Sophie retrieved documents and evidence related to the art thefts, as well as a letter from Marie indicating her decision to leave a life of crime and seek redemption.

Sophie met with Henri to explain what she had discovered. He was deeply moved to learn that his sister had lived a life of secrets and regrets, but he was grateful to Sophie for shedding light on the mystery of her disappearance.

Sophie handed over the documents and evidence to the authorities and helped solve several art theft cases. Marie would remain a mystery to many, but Sophie had succeeded in uncovering the truth about her past.

In gratitude, Henri offered Sophie a special box of Belgian chocolates, prepared in honor of his sister Marie. Sophie savored each chocolate, with a thought for the mysterious story she had unraveled in Brussels.

Thus ended Sophie's investigation, a story of mystery and chocolate that had revealed hidden secrets and allowed a family to find peace after years of uncertainty.

Le Mystère de la Villa Enchantée

Au cœur d'une petite ville de province, il y avait une villa abandonnée depuis des décennies. Les habitants la surnommaient la "Villa Enchantée" en raison des rumeurs de phénomènes étranges qui s'y déroulaient la nuit. Personne n'osait s'aventurer près de cette bâtisse lugubre.

Un jour, une jeune femme audacieuse nommée Camille décida de braver les légendes et d'explorer la villa. Elle était une photographe passionnée à la recherche de sujets intrigants pour son portfolio, et la Villa Enchantée semblait parfaite pour son projet.

Camille entra dans la villa avec son appareil photo en main. La lumière du soleil filtrant à travers les fenêtres cassées créait une atmosphère mystique. Elle photographia les vieilles tapisseries qui pendaient aux murs, les meubles recouverts de draps poussiéreux, et les escaliers en colimaçon menant aux étages supérieurs.

Alors qu'elle explorait les pièces sombres et silencieuses, Camille avait l'impression que la villa avait conservé les échos du passé. Elle se promit de capturer l'essence de cet endroit énigmatique à travers ses photographies.

Alors qu'elle montait l'escalier menant au grenier, Camille entendit un bruit étrange derrière elle. Elle se retourna et découvrit un chat noir, les yeux brillants dans l'obscurité. Le chat semblait la guider, comme s'il la conduisait à quelque chose.

Camille décida de suivre le chat curieux. Ils arrivèrent finalement dans une pièce secrète du grenier, où un vieux coffre en bois était dissimulé sous une pile de vieux livres. Le chat se percha sur le coffre, comme s'il attendait que Camille l'ouvre.

Camille ouvrit le vieux coffre avec précaution. À l'intérieur, elle trouva une collection de lettres et de journaux datant de plusieurs décennies. Les lettres étaient écrites par une femme nommée Isabelle à un homme dont le nom était illisible, en raison de l'âge des documents.

Les lettres racontaient une histoire d'amour passionnée et interdite, ainsi que les défis auxquels le couple avait dû faire face. Camille était captivée par ces récits intimes, et elle décida de les lire attentivement pour comprendre le mystère qui entourait la Villa Enchantée.

Au fur et à mesure de sa lecture, Camille découvrit que la villa avait été le théâtre d'une histoire d'amour tragique. Isabelle et son amant avaient dû se cacher dans cette villa abandonnée pour vivre leur amour en secret, car leurs familles s'opposaient à leur relation.

Le destin avait finalement séparé les amoureux, mais Isabelle avait continué d'écrire des lettres à son amant, même après sa disparition. Camille ressentit une profonde émotion en découvrant cette histoire d'amour déchirante qui avait imprégné la Villa Enchantée.

Camille décida de partager cette histoire avec le monde à travers ses photographies. Elle passa des jours à capturer la beauté mélancolique de la villa, ainsi que les lettres et les journaux qui révélaient son mystère.

Ses photographies furent exposées dans une galerie locale, où elles suscitèrent l'admiration et l'émotion des visiteurs. La Villa Enchantée devint un lieu de pèlerinage pour ceux qui voulaient découvrir l'histoire d'Isabelle et de son amour perdu.

La Villa Enchantée ne fut plus jamais considérée comme un lieu hanté, mais plutôt comme un lieu de mémoire et de romance. Les histoires d'Isabelle et de son amant perdurèrent à travers les générations, rappelant aux visiteurs que l'amour peut surmonter tous les obstacles, même le passage du temps.

Camille continua à photographier des endroits mystérieux et à capturer les récits cachés derrière chaque lieu. Elle avait trouvé sa passion dans la révélation des mystères du passé, et la Villa Enchantée resterait à jamais dans son cœur comme le lieu où elle avait découvert une histoire d'amour éternelle.

The Mystery of the Enchanted Villa

In the heart of a small provincial town, there was an abandoned villa that had been deserted for decades. The locals called it the "Enchanted Villa" due to rumors of strange phenomena occurring there at night. No one dared to venture near this eerie building.

One day, a daring young woman named Camille decided to defy the legends and explore the villa. She was a passionate photographer in search of intriguing subjects for her portfolio, and the Enchanted Villa seemed perfect for her project.

Camille entered the villa with her camera in hand. The sunlight filtering through broken windows created a mystical atmosphere. She photographed the old tapestries hanging on the walls, the furniture covered in dusty sheets, and the spiral staircase leading to the upper floors.

As she explored the dark and silent rooms, Camille felt as if the villa had retained echoes of the past. She vowed to capture the essence of this enigmatic place through her photographs.

As she climbed the stairs to the attic, Camille heard a strange noise behind her. She turned around and discovered a black cat, its eyes gleaming in the darkness. The cat seemed to be guiding her, as if leading her to something.

Camille decided to follow the curious cat. They eventually arrived in a secret room in the attic, where an old wooden chest was concealed under a stack of old books. The cat perched on the chest, as if waiting for Camille to open it.

Camille opened the old chest carefully. Inside, she found a collection of letters and newspapers dating back several decades. The letters were written by a woman named Isabelle to a man whose name was illegible due to the age of the documents.

The letters told a story of passionate and forbidden love, as well as the challenges the couple had faced. Camille was captivated by these intimate accounts, and she decided to read them attentively to uncover the mystery surrounding the Enchanted Villa.

As she read on, Camille discovered that the villa had been the setting for a tragic love story. Isabelle and her lover had to hide in this abandoned villa to keep their love a secret, as their families opposed their relationship.

Fate had eventually separated the lovers, but Isabelle had continued to write letters to her lover, even after his disappearance. Camille felt deep emotion as she uncovered this heart-wrenching love story that had permeated the Enchanted Villa.

Camille decided to share this story with the world through her photographs. She spent days capturing the melancholic beauty of the villa, as well as the letters and newspapers that revealed its mystery.

Her photographs were displayed in a local gallery, where they garnered admiration and emotion from visitors. The Enchanted

Villa became a place of pilgrimage for those who wanted to discover the story of Isabelle and her lost love.

The Enchanted Villa was no longer considered a haunted place but rather a site of memory and romance. The stories of Isabelle and her lover lived on through the generations, reminding visitors that love can overcome all obstacles, even the passage of time.

Camille continued to photograph mysterious places and uncover the hidden stories behind each location. She had found her passion in revealing the mysteries of the past, and the Enchanted Villa would forever remain in her heart as the place where she had discovered an enduring love story.